STÉNOGRAPHIE

DES COURS

DES DIVERSES

FACULTÉS DE PARIS.

1re Livraison. M. Lacretelle

PARIS.

EBRARD ET Cie., EDITEURS,

Rue des Mathurins St-Jacques, 24.

1836.

STÉNOGRAPHIE

DES COURS.

SEMESTRE D'ÉTÉ.

ANNEE SCHOLAIRE 1835—1836.

COURS

D'HISTOIRE MODERNE.

M. LACRETELLE, PROFESSEUR.

PREMIÈRE LEÇON.

21 avril.

Messieurs,

Placé entre deux fonctions dont je suis honoré, j'ai cru pouvoir sacrifier le plaisir et le devoir d'assister aujourd'hui et presqu'à cette heure à une séance solennelle de l'académie française, au devoir, et j'ajoute bien sincèrement, au plaisir de me trouver au milieu de vous. Mais comme l'académie française paye aujourd'hui un juste tribut de regrets à la mémoire d'un de ses membres, M. Parseval, homme de lettre justement estimé en France, qui était pour moi un ami de cinquante ans et auquel j'avais l'honneur d'être allié par le sang, je vous demanderai la permission de faire cette leçon un peu plus courte que d'habitude, afin de recueillir une partie de l'hommage qui sera rendu tout à l'heure à mon collégue et à mon ami.

Dans cette leçon je vous présenterai le tableau de la fin du ministère du cardinal Mazarin. Dans une analyse détaillée de cette période nous verrons le choc des passions politiques et religieuses concentrées dans Paris, après avoir pris pour champ de bataille tout le territoire français. C'est un beau tableau que celui de la guerre toute religieuse et politique de l'Angleterre ! nous pourrions d'abord le mettre en parallèle avec celui de la guerre de la fronde; mais parlons d'abord des huit années du règne absolu de Mazarin. Voilà qu'il triomphe ! voilà qu'il va imposer à la France le joug le plus hautain !......

Le parlement n'a pas su tirer parti des événements les plus favorables, même pour se constituer en aristocratie judiciaire. Il a eu un instant dans ses mains les destinées du pays, il a été l'arbitre de la ligue et de la cour, il a joué un rôle de pondération dans lequel il n'a pas toujours il est vrai, gardé l'équilibre entre les deux prétendants; il l'a joué sans se créer une position politique, et vous verrez maintenant retomber sur lui tout l'excès des prétentions qu'il avait élevées.

Mazarin n'a pas brisé ce corps, savez vous pourquoi ?...... C'est qu'il prévoyait de grandes résistances; et il a usé en cela, il faut le dire, de la politique la plus sage; car en tombant, ce corps qui tenait par ses antécédents à tous les éléments de la guerre civile qui cessait à peine, aurait provoqué de nouveaux soulèvements.

Du reste, Mazarin s'abstint alors de rigueurs de toute sorte ; il ne fit pas usage des échafauds et laissa ce jouet à son digne devancier : la confiscation lui convenait mieux. Aussi, n'employa-t-il qu'à regret les ressources corectives qui sont à la portée des gouvernements despotiques; et il se contenta de disperser tous les grands personnages qui s'étaient disputé les premiers rôles durant la fronde.

Et d'abord le cardinal de Retz est arrêté à la porte du Louvre où il se présentait avec confiance. Le coadjuteur croyait en effet, avoir quelques droits à la reconnaissance de la cour, pour avoir activement contribué à la répression du massacre de l'hôtel de ville, et pour avoir rétabli plus récemment encore l'ordre dans Paris. Mais Mazarin n'avait pas oublié que c'était lui qui avait commencé les troubles, et il voulut se débarrasser d'abord d'un esprit aussi remuant, d'un chef de parti aussi dangereux. Conduit dans la prison de Vincennes, il n'y resta pas longtemps : Vincennes est trop près de Paris ; et il fut bientôt transféré dans celle de Nantes, d'où il s'échappa, secondé par deux amis ; mais il se rompit une côte en descendant le long du mur de sa prison, et il lui en resta toute sa vie une pénible infirmité. Jeté par ses amis sur une charrette de paysan, il dût fuir, en proie aux douleurs les plus atroces, jusqu'à ce qu'il fut hors de danger. Il erra depuis en Flandre, en

Espagne, en Italie, à Rome où il resta quelque temps, et où Mazarin négocia enfin avec lui pour obtenir sa démission de l'évêché de Paris. La transaction eut lieu, et le coadjuteur abandonna l'évêché, d'où il avait envoyé au peuple ses harangues de tribun, pour se contenter de quelques abbayes. Il vécut encore plusieurs années : et parut avoir tout-à-fait abandonné ses ambitieux projets. L'homme aimable succéda au chef de parti ; il fréquenta les meilleures sociétés, et affectionnait entre toutes, celle de madame de Sévigné, qui en parle, dans ses lettres, comme de l'un de ses plus chers amis. Mais cette femme spirituelle jette avec soin le voile sur la vie antérieure du fougueux prélat, qui avait été jusqu'à cette époque, si scandaleuse.

Je ne sais pas, et je n'oserais affirmer s'il pût pousser bien loin la réforme de ses mœurs ; mais il est certain qu'homme turbulent et dissipateur, il se réduisit dès lors à la vie la plus économe, la plus frugale, afin d'acquitter ses dettes, qui étaient considérables, et il y parvint. Il se retira dans un couvent de religieuses, et ce fut là qu'il écrivit ses fameux mémoires. Il en laissa le dépôt à l'abbesse, qui n'y fit que très peu de ratures.

Pendant ce temps-là, Turenne était devenu le général de la cour, et Condé, mauvais chef de parti, prince turbulent, général peu habile à conduire les hommes, tomba dans la disgrâce qu'il avait bien mérité ; mais ne pouvant se résigner à la nullité de la disgrâce, il fut réduit, pour être quelque chose, à se faire encore une fois chef de parti, le métier le plus impie que l'on puisse choisir! il fut réduit à jouer le misérable rôle d'un Coriolan, ou d'un connétable de Bourbon, armé contre sa patrie; il fut réduit à se mettre à la tête de l'armée espagnole, qu'il avait si vaillamment combattue, qu'il avait presque détruite à Sens et à Rocroy.

Le duc de La Rochefoucault, autre frondeur fameux, vécut aussi dans une sorte de retraite, et ce fut alors qu'il écrivit son fameux livre des *Maximes*, trop vanté peut-être par quelques-uns, et aussi trop sévèrement condamné par d'autres. Mais il ne mérite pas surtout tous les éloges dont on l'a couronné; car il rapporte toutes les actions humaines à un seul motif, l'amour-propre; il systématise l'égoïsme. Du reste, il n'est pas étonnant que La Rochefoucault ait envisagé les hommes d'une manière si chagrine, et se soit plu, en quelque sorte, à effacer la grande ligne de démarcation qui existe entre le vice et la vertu, parce qu'il avait vu les hommes au milieu des troubles d'une guerre civile, et n'avait pu observer leur nature que dans le développement de toutes ses haines et de toutes ses mauvaises passions.

Mais voici que le cardinal Mazarin reparaît triomphant sur la scène politique d'où il a été chassé honteusement deux fois; le voici qui traverse presque au milieu des acclamations populaires, ces rues de Paris qui avaient retenti de tant d'imprécations contre lui. Quelques pièces de monnaies jetées à la multitude, produisent leur effet ordinaire, et il est accueilli avec de grandes démonstrations de joie, par cette même population parisienne qui avait tant de fois et si longtemps fait retentir les airs du cri de *mort à Mazarin !*

Déjà il avait fait conclure un traité dont la gloire lui demeure acquise, c'est le fameux traité de Westphalie, qu'on ne peut trop médiier, mais dont l'analyse serait impossible dans une leçon de la nature de celles que je fais ici. Ce traité avait accompli des desseins médités d'abord par Henri IV, et poursuivis ensuite avec constance, avec grandeur, avec fortune par le cardinal de Richelieu : la position de Mazarin était belle ! Il n'avait qu'à recueillir des fruits qu'il n'avait ni semés, ni mûris. Un système de pondération habile entre les puissances fut ménagé par ce traité de Westphalie ; mais dans l'honneur de cette combinaison politique nouvelle, la part de Mazarin fut peu de chose.

Il fallait continuer la guerre avec l'Espagne qui, entrée un peu tard dans la coalition de la guerre de trente ans, avait subi les échecs les plus malheureux, et qui combattait maintenant pour conserver la possession de ses belles provinces des Pays-Bas.

Cependant les fruits des victoires merveilleuses du grand Condé avaient été extrêmement compromis par la malheureuse guerre de la Fronde. La ville de Dunkerque, conquise par lui, était retombée sous la loi espagnole, ainsi que d'autres places fortes assez importantes. Les succès de nos armées en Espagne, avaient été réduits à presque rien, puisque la Catalogne nous échappait, et que les Espagnols nous reprenaient Barcelonne, que nous étions parvenus à occuper à grand peine. On aurait dû conduire cette guerre avec vigueur, mais on était sans argent et presque sans troupe. Mazarin aurait dû chercher à reprendre l'offensive sur ce terrain, et il restait tranquille!.... Mais il avait alors à ses ordres un guerrier savant, homme d'une méthode vigoureuse et subtile, Turenne.

Mazarin lui dût tout.

Turenne va donc avoir à combattre le prince de Condé, avec lequel il s'était déjà mesuré dans le malheureux combat du faubourg Saint-Antoine. Là, personne ne convint de la défaite, personne ne pouvait s'attribuer la victoire, si ce n'est peut-être *Mademoiselle*, qui commanda bravement le feu de la Bastille. Les deux prétendus vainqueurs de cette journée brûlaient d'en venir aux mains. Turenne va donc encore combattre Condé. Les ennemis assiégeaient alors la ville d'Arras, Turenne accourt pour faire lever ce siége; mais des circonstances imprévues lui font changer ses plans, et il ne tarde pas à assiéger les assiégeants eux-mêmes. Puis, choisissant un moment opportun, il se jette à la tête de ses troupes dans le camp des Espagnols. Tout est renversé, et c'en est fait de l'armée espagnole, si Condé, que son génie n'abandonne pas dans un moment si critique, ne s'était mis à la tête de deux régiments, dont l'un entièrement composé de Français encore attachés à sa fortune, et avec de si faibles moyens, il arrête les progrès de Turenne, et sauve l'armée espagnole. Bientôt une autre occasion d'en venir aux mains se présenta sur un autre théâtre : c'était, en quelque sorte un nouveau duel, mais un duel décisif qui allait se consommer entre deux gloires militaires, qui se haïssaient d'autant plus, qu'elles n'avaient pas encore pu décider par les armes à laquelle des deux appartenait le premier rang. Ils se rencontrent donc encore une fois sous les murs de Valenciennes, et Condé, qui a sur Turenne l'avantage de commander en personne son armée, dans cette circonstance, obtient la victoire. Mais Turenne s'empare ensuite de plusieurs petites villes, et quand le courage moral de ses troupes est relevé de l'impression de leur dernier échec, il vint enfin, résolu de porter le coup décisif à l'armée espagnole.

Pendant que tout ceci se passait, qu'avait fait Mazarin ?... Craignant les mauvaises chances de la guerre, car il avait plus de confiance dans la fourbe que dans la valeur, il avait songé à se donner un allié ; mais savez-vous, Messieurs, qui il avait choisi?... Cromwel, Messieurs, Cromwel, avec qui il s'était engagé jusques à condescendre à toutes ses exigences. Cromwel, à qui il avait promis de livrer le port de Dunkerque, et Cromwel lui avait envoyé six mille hommes. Du reste, il faut l'avouer, ce secours si lâchement acheté fut décisif : avec lui, Turenne frappa un dernier coup dans les dunes qui se trouvent près de Dunkerque, et battit complétement les Espagnols sur ce champ de bataille d'un nouveau genre. On négocia la paix, et les Espagnols, frappés sur tous les points, signèrent à des conditions qui n'étaient pas désavantageuses, cette paix qui s'était si longtemps fait attendre.

Louis XIV était jeune alors; il n'avait que dix-sept ans, et il ne s'était encore fait connaître que par un acte fort odieux. Un jour, le parlement, tout amolli qu'il était, résistait à un édit bursal, et refusait d'enregistrer, de sanctionner, en quelque sorte, par l'inscription aux registres du Châtelet, une mesure qui portait les caractères de toutes les escroqueries antérieures du ministre souverain. Ce jeune prince, âgé, comme je l'ai dit, de dix-sept à dix-huit ans, se présente au parlement; il s'y présente en bottes, armé de son fouet de chasse, s'assied sur son trône, et parle le langage le plus impérieux : mais le temps était venu où il fallait que le parlement dévorât un tel affront! L'édit fut enregistré.

Louis n'avait jusque là paru qu'à un seul siége, parce que Mazarin comprenant que toute sa fortune était attachée aux jours du jeune monarque, ne se souciait pas d'exposer son roi et sa grandeur d'un seul coup. Mais les premires indices de caractère et de fermeté qui s'étaient révélés dans le roi, le firent changer de tactique. La reine-mère l'avait élevé où il était, et il commença à manifester l'ingratitude la plus monstrueuse à cette reine qui, pour lui rendre ou lui conserver le pouvoir, avait exposé si souvent la couronne de son fils.

Désormais, Mazarin eut l'oreille du roi, et sûr de

sa puissance il méconnut sa bienfaitrice. Ce fut pour elle pendant longtemps une suite non interrompue d'humiliations déguisées, de ces humiliations secrètes dont on connaît si bien le secret à la cour, et qui avertissaient la reine de songer à la retraite. La reine en eut le cœur ulcéré, et se retira au Val-de-Grâce qu'elle avait fondé, comme le monument d'une piété un peu tardive. Là, dévorée d'une maladie terrible (elle avait un cancer au sein), elle finit tristement ses jours au moment où Mazarin triomphait, et où il s'agissait du mariage de Louis XIV, de son fils!

Mazarin avait conçu le projet de marier le jeune roi à une Infante d'Espagne. Rendons-lui cette justice, c'était là un coup de haute politique bien entendu. Depuis Charles-Quint jusqu'à Philippe IV, depuis François Ier jusqu'à Louis XIV, les guerres entre l'Espagne et la France n'ont pas cessé, et cette alliance du roi avec une Infante d'Espagne, en rétablissant la paix sur des bases solides, pouvait transporter dans la maison de France des droits à la succession d'Espagne. Ces droits occasionèrent depuis, comme on sait, les guerres si longtemps désastreuses de la fin du règne de Louis XIV.

Il fut convenu que Louis et Philippe IV en personne se verraient dans une île, qui fut depuis nommée *l'île de la conférence*. C'est là que furent discutés les articles du mariage dont nous venons de parler. Par ce traité dit des Pyrénées, la France s'adjoignit le Rousillon, prépara la conquête de la Franche-Comté et de la Flandre française, et jeta la semence de la succession d'Espagne dont elle devait bientôt cueillir les fruits dans le sang! Les deux rois jurèrent la paix sur l'évangile et le mariage fut conclu.

Voilà Mazarin parvenu au faîte des honneurs, aux dernières limites de la gloire. Jusqu'ici il a préparé sa position, on l'en verra jouir, maintenant il est arrivé. Le voilà aussi arrogant qu'il était humble dans la première partie de son règne. Il avait rampé, il domine; il avait fait sa cour, il veut tout le monde pour courtisan; il a affecté dans ses commencements autant d'humilité que Richelieu avait montré d'orgueil, tous deux sont arrivés au même point....... Ainsi que Richelieu, il se donna une compagnie de gardes; tout solliciteur devait s'adresser à lui, et on devait s'attendre à essuyer un refus formel si l'on s'adressait préalablement au roi.

Mazarin se signalait aussi alors par une foule d'escroqueries que dans le commencement de son règne le surintendant Fouquet savait au moins colorer par des libéralités judicieuses envers les gens de lettres et les artistes. La France fut mise à contribution, on leva des impôts, des impôts énormes, et l'on peut juger de l'énormité des uns et des autres, des impôts et des escroqueries, par les richesses immenses qu'on trouva chez Mazarin après sa mort. Elles s'élevaient au moins à 200,000,000 de son temps, ce qui équivaut à plus de 300,000,000 de nos jours. Le revenu total du royaume ne s'élevait même pas alors à cette somme que le ministre avait amassée : et c'est en huit ans qu'il a fait une pareille fortune ! Le trésor que Louis XIV avait économisé pendant toute sa vie et qui était enfermé à la bastille n'approchait pas non plus de cette somme.

Il semble, Messieurs, que l'histoire devrait s'armer de plus de rigueur qu'elle n'en témoigne d'ordinaire quand elle rencontre de pareilles exactions, et surtout quand les exactions sont demeurées impunies. L'acte d'accusation du cardinal Mazarin est tout dressé dans le bilan de la fortune ; il semble qu'on lise sur toutes ces richesses des millions de fourberies et de dûretés de cœur et de bassesses ; les larmes de l'orphelin, les sueurs et les pénibles travaux du pauvre, sont écrits sur ce chiffre odieux !

Eh ! qu'importe après cela, Messieurs, que ce ministre profitant des combinaisons du cardinal de Richelieu, des victoires de Turenne, de Condé et de plusieurs autres généraux habiles, ait réalisé les grandes vues politiques de Henri IV et de Richelieu ! Soyons sévère pour Richelieu, parce qu'il fut, sans parler de ses vengeances, un impitoyable détracteur du génie, du génie de Corneille en particulier ; mais soyons-le davantage pour Mazarin, cet être tout souillé de mensonge, qui nous apparaît le plus souvent, comme un vil escroc, comme un voleur mitré ! non, Messieurs, l'Histoire ne saurait avoir de termes assez énergiques pour qualifier un ministre aussi avide que fourbe, aussi fourbe qu'avide, un homme aussi méprisable.

Escroc, il se plaisait, dans sa maladie, quand

il ne pouvait plus tenir les cartes, il se plaisait encore à diriger les escroqueries des autres seigneurs et à donner des leçons d'escroquerie ! On lit dans les Mémoires du chevalier de Grammont, que ce jeune seigneur, qui faisait hautement profession d'être escroc, jouant avec le ministre Mazarin, avoua qu'il avait trouvé un escroc plus habile que lui.

Messieurs, vous avez pu voir dans la galerie du Louvre, à l'une des dernières expositions, deux tableaux d'un peintre contemporain, M. Paul Delaroche. Ils sont à mon avis conçus dans un sentiment philosophique très remarquable, et qui offre une analogie frappante avec la manière de Walter-Scott.

L'un représente le cardinal de Richelieu : ce ministre revient de la conquête du Roussillon, il traîne à sa suite un bateau, c'est celui dans lequel il conduit à l'échafaud, à un supplice effroyable par ses coups de haches, deux nobles têtes ! et lui, déja frappé de la pâleur de la mort, n'a plus de vie, que par le regard, et par un regard qui n'a plus qu'une expression, celle de la vengeance qui tarde de se satisfaire.

L'autre nous montre Mazarin mourant, entouré de seigneurs qui le flattent encore, d'une reine qui affecte de la douleur et voudrait paraître déplorer la perte d'un ministre si ingrat, d'un jeune monarque qui lui témoigne sa reconnaissance et suit une partie de jeu en même temps; on y voit le cardinal agonisant, jouir encore du dernier plaisir qu'il puisse éprouver, il suit des yeux une partie de cartes, et il semble donner encore des leçons de friponnerie.

Voilà, Messieurs, ce que l'on peut appeler, vraiment deux tableaux historiques, parcequ'ils offrent bien le résumé du règne de deux ministres célèbres, sinon vertueux.

Un auteur de Mémoires, de Brienne, a depeint aussi Mazarin au moment de la mort, dans une situation qui provoque bien des réflexions. « Le cardinal Mazarin, dit-il, colore ses joues depuis quelque temps, espérant par ce manège tromper encore les courtisans et obtenir d'eux quelques hommages qu'il leur escroque, pour ainsi dire. En leur présence, il affecte de la gaité; mais quand il est seul, et qu'il traverse sa galerie, et qu'il contemple ses richesses, et qu'il admire ses objets d'arts, ses précieuses curiosités qu'il a fait venir à grands frais d'Italie, cet homme vil ne cesse de pousser de lâches soupirs, ne cesse de répéter, « *Il me faudra pourtant quitter tout cela.* » Il ne peut même que donner des soins distraits et négligés aux derniers devoirs que la religion lui impose : ces dernières paroles, ces derniers moments d'un coupable ministre, doivent être une leçon pour les ministres à venir, qui voudraient comme Mazarin, s'enrichir des dépouilles du peuple. »

Voilà, Messieurs, ce que j'avais à vous dire du cardinal de Mazarin; dorénavant j'aurai à vous présenter un tableau plus brillant, car nous touchons l'époque ou Louis XIV prît en main les rênes de l'Etat.

DEUXIÈME LEÇON.

5 Mai 1836.

Messieurs,

La dénomination de siécle de Louis XIV a été bien capricièusement et bien fastueusement appliquée au XVIIe siécle ; en effet n'en avons-nous pas déjà parcouru les soixante premières années sans que le nom de Louis XIV ait été jusqu'ici prononcé par nous. Cependant ce siécle ne s'est-il pas déjà montré à nous avec son grand caractère?... N'avez-vous pas vu déjà de beaux génies prendre leur essor et tracer sur leur passage un sillon glorieux que la postérité n'effacera pas? Descartes n'a-t-il pas déjà parlé, n'est-il pas le nouveau guide de l'esprit humain dans les voies difficiles des sciences abstraites, de la métaphysique surtout; et n'a-t-il pas déjà posé les bases d'un système du monde, qui sera il est vrai élevé par d'autres, mais dont il a, je le répète, assis lui-même les fondements.

Déjà vous avez vu Pierre Corneille donner à la tragédie un caractère de grandeur et de philosophie inconnu jusqu'à lui; et si ces tragédies ne se suivent pas avec une grande rapidité, s'il ne les a pas fondues en quelque sorte d'un seul jet, du moins on suit avec admiration la marche ferme de ce grand génie, depuis le Cid jusqu'à Cinna, jusqu'à Polieucte. Plusieurs autres tragédies de Corneille ont signalé le règne de Louis XIII, la régence de Marie-Anne d'Autriche et le ministère que l'on peut appeler le règne de Mazarin. S'il ne fit plus alors de chef-d'œuvres ou plutôt s'il produisit des chef-d'œuvres inférieurs à ceux que nous avons cités, c'est que le grand homme sentait qu'il se devait encore à son siècle, et il lutta encore longtemps contre les jeunes rivaux qui lui disputaient les couronnes; mais alors, c'est bien plus la faveur de la jeunesse et des femmes, qui font et défont tant de succès, qui lui font défaut, que le génie qui lui manque, car jamais le génie ne s'est retiré de lui.

Dans les beaux arts, déjà Poussin s'est présenté comme le seul rival que la France et l'Europe puissent présenter aux grands artistes de Rome et de l'Italie. Car Poussin n'est pas seulement un grand peintre, un peintre magnifiquement poéte, il est encore un peintre profondément philosophe et moraliste. Quoique presque toujours absent de France (on sait qu'il passa une partie de ses jours à Rome), il revint dans sa patrie à la prière de Louis XIII, ce roi qui de toutes les grandes œuvres de son temps ne semble comprendre et aimer que la peinture de Poussin. Poussin nous revint et parvint à une extrême vieillesse, après avoir formé pour sa gloire et la nôtre des élèves parmi lesquelles on compte Lesueur, Lahire, Champaigne.

Les progrès de la sculpture datent il est vrai de plus loin chez nous ; nous avons antérieurement parlé de Jean Goujon qui vécut sous les règnes de François Ier, de Henri II et pendant une partie de celui de Henri III ; car il mourut victime de la Saint-Barthélemi. Jean Goujon obtint des nations étrangères le surnom de Phidias Français ; et en effet, il semble que depuis l'antiquité, on ne puisse trouver avant le sien aucun nom à mettre à côté de ceux des grands artistes de la Grèce. Mais à ce nom se rattachent honorablement ceux de Bouchardon et du Pujet qui ont, à l'époque dont nous parlons, poussé la sculpture française au plus grand degré de perfection.

Si nous passons de l'art à la politique, Richelieu nous arrête d'abord, Richelieu qui eut à lutter contre la noblesse, contre le protestantisme, contre la cour, contre la régence, contre l'étranger. Richelieu qui créa on peut dire, l'autorité au moment où elle semblait anéantie par les factions, Richelieu qui dirigeait la guerre de trente ans du fond de son cabinet de premier ministre en France, et commandait aux événements qui se passaient au fond de l'Allemagne : Richelieu, s'il n'a pas obtenu du ciel de voir terminer, par ses soins et à notre profit, cette lutte sanglante, a du moins l'honneur d'avoir créé une politique grande, imposante par ses théories comme par ses résultats.

Depuis lui, cet art de la politique n'a plus été cultivé que sous un de ses aspects, le plus étroit, le plus égoïste, le plus méprisable, pour tout dire. Et vous pensez bien, Messieurs, que je veux signaler ici la politique du cardinal Mazarin.

De grand magistrats honorèrent aussi cette grande moitié du XVIIe siécle, et les parlements ont été féconds en hommes illustres par leur savoir et leur caractère. Mais pour être sincère, il est vrai de dire, que souvent ces magistrats se sont jetté dans des intrigues dont les ligues et les discordes civiles de toute nature leur offraient les déplorables moyens. Alors la magistrature perdait son caractère, sa dignité, et souvenons-nous, Messieurs, que ces intrigues, ces complots, ces agitations étaient suivies presque toujours des humiliations qu'elles méritaient.

Quant à la religion, on peut dire qu'elle touche à son plus beau siècle. La religion catholique conservait tout son ascendant sur les esprits et les consciences, et avait perdu cette férocité d'intolérance qui lui a été souvent reprochée dans les siècles antérieurs. Le cardinal Richelieu lui-même donna l'exemple de cette modération; car après la prise de la Rochelle, non seulement il ne sévit pas contre les réformés, mais il en appela même plusieurs dans ses conseils, dans ses armées; je dis *ses*, car on pouvait bien dire alors *les armées du cardinal Richelieu.*

Mais un événement bien imprévu vient troubler la sécurité des partis religieux en France. Quelques solitaires, fatigués des intrigues du monde, de la corruption de la cour, de la corruption de l'église elle-même; mus par l'esprit d'indépendance, le besoin de calme, et attirés par leurs goûts vers des études profondes, se sont réunis pour travailler dans le silence. Il ont trouvé un asile aux champs, une terre d'un aspect triste et monotome près de la Ferté Gonesse, et ils ont choisi pour directeur Arnaud, auquel son siècle a décerné le titre de *grand*, nom trop ambitieux sans doute pour caractériser une vie presque toute entière vouée aux controverses religieuses.

Cependant Arnaud était fils d'un père distingué dans les lettres; ses frères étaient voués à des études savantes, sa sœur était abbesse d'une communauté de femme, et renommée pour sa vertu. La sainteté d'Arnaud, plus encore que son avide érudition, lui concilie tous les cœurs, il semble posséder en outre toutes les qualités d'un homme d'état, et il est choisi pour chef. Ces solitaires se vouent à des études profondes; ils se partagent des travaux immenses, et s'interdisent en même temps de se faire un nom et un mérite de leurs travaux; ils travaillent en commun, et chacun d'eux garde si bien le secret de son propre mérite que c'est en vain que vous chercheriez à découvrir le nom d'aucun d'eux dans leurs ouvrages. C'est ainsi qu'ils ont fait les ouvrages si célèbres imprimés sous le nom de Port-Royal; c'est ainsi entre autres qu'ils ont publié à Paris la logique de ce nom, qui est un chef-d'œuvre auquel rien ne saurait être comparé. Le nom de son auteur ne semble plus cependant un mystère, et on l'attribue généralement au savant père Lancy.

Ces hommes se sont pratiqués eux-mêmes de

modestes demeures qu'ils ont construites, on peut dire, de leurs mains, près du couvent de la sœur d'Arnaud.

Leur esprit est si austère, leurs principes si rigides, qu'un de leurs premiers travaux est de condamner les hérésies qui régnaient dans plusieurs états, et de chercher à ramener l'unité dans l'église. Ils veulent l'unité, mais ils repoussent l'absolutisme du chef suprême de l'église; leur vie austère les mène à des principes de stoïcisme antique, et ils veulent ramener la religion chrétienne à sa plus grande sévérité. Alors ils ont à repousser les attaques du monde, que leurs doctrines blessent dans ses habitudes et dans ses maximes, et les jésuites, qui sont les principaux organes de ces doctrines qui ont détruit les mœurs, et qui sont des doctrines véritablement impies, non seulement impies selon la religion chrétienne, mais impies aussi selon la religion naturelle.

Pour ces hommes donc, il s'agit de renouveler la morale, et Pascal commencera cette œuvre par un ouvrage qui est un chef-d'œuvre de pensée et d'expression; Pascal sera le plus spirituel organe de cette glorieuse tentative, et il osera entreprendre cette lutte. Pascal était en effet un homme capable d'oser une chose si difficile : dans les sciences, il n'avait pas d'autres supérieurs que Descartes et Galilée, et peut-être eût-il atteint l'un et l'autre, s'il ne se fût pas voué à la cause dont nous parlons. Vous savez qu'à dix ans, à peine, il inventait en quelque sorte les mathématiques; vous savez que traçant grossièrement sur une muraille quelques figures, il en devinait les propriétés. Il avait résolu un problême posé inutilement devant toute l'Europe par le père Mercet, confident de Descartes, c'est le problème appelé la roulette, eh bien il le résolut à quinze ans.

Cependant les regards de ces solitaires s'étaient arrêtés sur un livre poudreux qui ne méritait pas de fixer leur attention ; ce livre, c'étaient *les heures* de Jansénius, religieux belge, qui avait formulé une sorte de doctrine. Ils y trouvèrent des maximes qui flattaient l'austérité de leurs mœurs et de leurs principes. On y retrouvait la doctrine de Saint-Augustin ; car déjà Saint-Augustin penchait pour la *prédestination*, principe si contraire au libre arbitre, et qui est si peu d'accord avec la conscience que doit toujours conserver l'homme de son indépendance et de sa spontanéité. Cette doctrine, qui met l'homme sous le joug de fer de la fatalité, doctrine sombre qui ôte à l'homme sa *liberté* pour ne lui faire espérer que la *grâce*, le laisse trop peu responsable de ses mérites et de ses démérites, était contraire à toutes les idées reçues en ce temps-là, et bien plus contraire aux mœurs d'alors. Aussi les jésuites qui flattaient les vices des grands et de la cour pour les dominer, tonnèrent contre les jansénistes, et à force de manœuvres obtinrent du pape une bulle d'excommunication contre le livre de Jansénius et ses adhérents. C'était frapper la belle et savante école de Port-Royal. Elle poussa des cris aigus; et cependant, il faut l'avouer, elle ne soutint pas d'abord le livre de Janséniùs et ses propositions ; mais la querelle s'envenimant, on discuta de part et d'autre, et la question s'élargit avec la discussion au point que l'on écrivit un nombre considérable de volumes sur ces matières, et que la société entière, on peut dire, prit fait et cause pour l'une ou l'autre opinion.

Cette discussion n'occupe plus guère aujourd'hui ; mais alors les plus grands talents y prirent part. Du côté de Port-Royal, on voit Arnaud, Nicol, Pascal, qui fit à ce sujet ses *lettres provinciales*, où brille à un si haut point la vivacité et la logique de son langage, que Voltaire n'hésite pas à leur attribuer le mérite d'avoir fixé la langue. Ce livre est à tous égards bien remarquable; mais il ne faut pas oublier, en l'appréciant, que Montaigne, dans ses *essais*, avait déjà beaucoup fait pour la langue française, et qu'Amiot avait antérieurement transporté chez nous, à côté de son inimitable naïveté, les mérites littéraires de Plutarque.

Vous savez quel fut l'effet de ces *lettres provinciales*. Pascal y enleva la question qu'on disputait à armes peut-être égales avant lui ; mais il y céda trop à la tournure piquante de son esprit, et il paraît qu'on l'accusa de ne pas y avoir traité avec assez de gravité des questions toutes religieuses. C'est sans doute pour se laver de cette imputation que Pascal écrivit depuis sa belle apologie du christianisme, qu'il ne termina pas, mais dans les fragments de laquelle règne une onction sévère, une argumentation logique, serrée et forte, qui fait plus vivement regretter qu'une œuvre de cette portée soit restée incomplète. Mais cet ouvrage même montre en lui une philosophie chagrine, et décèle quelquefois des idées de prédestination. Ce n'est pas enfin sous ce point de vue que la religion chrétienne doit être envisagée; il serait plus doux de la présenter sous des rapports de tendresse, de charité, de douceur et même de mysticisme, comme on la trouve expliquée dans l'*Imitation de Jésus-Christ*, véritable chef-d'œuvre trouvé dans les papiers de Saint-François de Sales.

Messieurs, je viens de vous tracer rapidement les traits caractéristiques de ce siécle jusqu'au commencement du règne de Louis XIV. Cette délimitation de ce qui est avant lui et de ce qui sera réellement *son* siécle, nous offrira de grandes facilités pour caractériser son règne, et nous lui ferons ainsi plus aisément sa part. On a souvent et même presque toujours comparé Louis XIV à un soleil; j'avoue que cette comparaison me semble peu juste; mais pour la conserver, il faudrait la corriger en disant que c'était un soleil, mais un soleil qui brille surtout de la gloire de ses puissantes planètes; et pour me servir d'une expression plus juste, il faudrait dire qu'il apporta dans ce siécle un principe d'unité politique inconnu jusqu'à lui, qu'il fut en un mot un excellent chef d'orchestre, sans être un Gluck, un Rossini, un Mayer-Berr, distribuant admirablement à chacun sa partie dans le concert qui charmera par son harmonie et son ensemble la postérité la plus reculée.

Du reste, ce prince qui occupe une si longue

et si grande place dans notre histoire ne saurait être connu tout entier ; il est impossible de le voir naître et grandir, dans l'obscurité où sa jeunesse fut reléguée ; il échappe à toutes les recherches jusqu'à vingt ou vingt-deux ans, et il serait impossible de savoir quelle a été jusque là son éducation ?

Elle fut celle des princes que des raisons politiques tiennent éloignés de toutes les affaires et que l'on cherche à rendre nuls pour gouverner plus aisément à l'ombre de leur nom. Il n'apprit jamais le latin, qui était alors la langue commune aux gens de distinction ; et j'ai lu dans je ne sais plus quel livre que quand il prit pour devise le mot si célèbre trouvé par le surintendant Fouquet *quo non ascendam*, on fut obligé de le lui traduire pour lui en faire comprendre le sens.

Il eut cependant un excellent instituteur, Ordonius de Perefix, qui fit pour le jeune prince une vie de Henri IV. Ce livre est écrit dans le style de Plutarque et reppelle les ouvrages d'Amiot. Cette vie de Henri IV est un modèle de précision et de netteté ; et combien ne doit-on pas d'actions de grâces à un precepteur qui pour former son royal élève avait su lui présenter un tel modèle d'honneur, de courage, de courtoisie et de loyauté dans le malheur et sur le trône.

Cependant Louis XIV n'avait négligé aucun des exercices de la gymnastique des hommes de cour ; formé aux belles manières par Anne d'Autriche, façonné par les leçons de cette femme habile dans l'art de tenir une cour, excellent dans tous les exercices qui demandent de la grâce et de la souplesse, il obtint des palmes dans tous ces exercices, palmes que ses concurrents lui disputaient peut-être faiblement, à vrai dire. Toutefois, il se faisait remarquer à l'escrime, à la chasse, à la danse; il dansa même dans plusieurs ballets, et ce ne fut pas seulement dans les ballets de la cour, mais aussi quelquefois en public, sous le masque, où il fut plusieurs fois applaudi du public qui le prenait pour un acteur. C'est cette faiblesse que Racine lui a si courageusement reprochée dans ces beaux vers de Britannicus.

Pour toute ambition, pour vertu singulière
Il excelle à conduire un char dans la carrière,
A disputer des prix indignes de ses mains,
A se donner lui-même en spectacle aux Romains,
A venir prodiguer ses vers sur un théâtre,
A réciter des chants qu'il veut qu'on idolâtre,
Tandis que des soldats, de moments en moments,
Vont arracher pour lui des applaudissements.

Et ces vers si admirables sont plus qu'un morceau de haute éloquence poëtique, c'est une belle action qui honore à la fois le poëte qui ose censurer une vanité si puérile et le monarque qui accepte ces conseils et réforme ses mœurs : depuis ce temps Louis XIV ne se livra plus à cet exercice.

Le souvenir des troubles de sa jeunesse l'avait aigri contre les grands et les magistrats; il avait été nourri dans cette haine par la reine-mère et le cardinal Mazarin; d'un autre côté la reine lui avait inspiré un grand sentiment de reconnaissançé pour ce même cardinal, auquel il croyait devoir la conservation de sa couronne. Celui-ci avait tout fait de son côté pour entretenir le jeune roi dans ces dispositions. Mazarin dût à ce préjugé la conservation de sa fortune, qui était si considérable, qu'effrayé lui-même de son énormité, au moment de mourir, cet artificieux, je devrais dire ce vil ministre, ne sachant comment partager son immense fortune, que j'ai évaluée ailleurs à deux cents millions, vint conjurer le roi de vouloir bien être son héritier. Le roi ne se doutant pas de l'importance de ce présent refusa, et il eût plus tard à se repentir de n'avoir pas accepté ce précieux legs; car Mazarin le partagea entre ses neveux et nièces qui étaient tous plus ou moins entachés de folie ou de désordres.

Il paraît que Louis XIV, faisait cependant de secrètes études, et qu'assistant aux travaux du cardinal Mazarin, il avait laissé voir plus de connaissances des affaires publiques qu'on ne lui en supposait; enfin il avait pris, quoique tard, confiance en lui-même. Quand le cardinal mourut, on crut que le roi ne s'occuperait guère plus des affaires que son prédécesseur; la cour ne voyait dans le jeune prince qu'un roi fainéant. Mais, lorsque les sécrétaires d'État vinrent lui demander avec quel ministre ils travailleraient, il répondit : avec MOI, Messieurs; ce *moi* superbe ne cessa de retentir dans la Cour pendant tout son règne, et il en vint bientôt à prononcer ce mot fameux, L'ÉTAT, *c'est* MOI.

C'est qu'il était impossible de s'identifier

mieux qu'il le fit avec la royauté ; comme il se fit que Pierre Corneille naquit poëte tragique, Poussin peintre, il se fit que Louis XIV était né ROI.

En effet, cette pensée de gouverner la France et l'Europe, c'était un art qui était en lui, ou plutôt c'était sa nature, nature telle, que l'art n'avait rien à y compléter. Dès que cette décision de gouverner seul fut arrêté en lui, il vit bien qu'il fallait détromper l'incrédulité de la cour, qui ne pouvait s'accoutumer à la pensée de voir *régner* un ROI ; il sentit qu'il fallait mettre les faits d'accord avec les paroles ; il se leva matin, travailla chaque jour avec ses ministres, et montra par tous ses actes qu'il avait une volonté invariable.

Il se montra grand dans tous ses actes, suppléant la richesse dans la pauvreté par les choix les plus gracieux, par l'affabilité la plus recherchée, par le goût le plus exquis ; aussi ses fêtes, même celles du commencement de son règne, qui n'est pas celui de son opulence, ces fêtes étaient les plus ravissantes que l'Europe eût vues jusque là. Lui-même y paraissait et en faisait le principal ornement. Il en réglait les plaisirs et les inventait au besoin ; c'étaient des carrousels, qui remplacèrent les tournois meurtriers, scènes toujours ensanglantées où nos pères se complaisaient tant! les carrousels étaient des luttes pacifiques, dans lesquelles le sang ne coulait jamais, et auxquelles étaient attachés des prix que l'on se disputait noblement. On se divisait en deux phalanges; dans l'une, Louis XIV paraissait à la tête des seigneurs de son choix ; et ce choix seul excitait les plus vives émulations et était accepté comme un insigne honneur.

Il imagina, il réalisa pour l'étiquette des distinctions, dont les nuances furent si bien saisies et acceptées que l'étiquette, toute ridicule qu'elle nous paraisse aujourd'hui, devint dans ses mains un moyen de récompense et de punition, dont il obtint plus que Richelieu n'avait obtenu par les échafauds. Une disgrâce de cette nature causait alors aux courtisans des chagrins si cuisants qu'ils en moururent de chagrin quelque fois ; il imposait l'exil, c'était un exil dans des terres magnifiques, et les courtisans s'y trouvaient plus misérables et plus à plaindre que des moines dans un désert. Vous donner plus de détails sur ces combinaisons si heureuses dont les résultats ont tant contribué à la gloire de son règne et à l'unité de sa marche, ce serait nous abaisser jusqu'à l'explication de faits peu dignes de la gravité de l'Histoire; dans des choses de cette nature, il suffit d'indiquer le but, et l'effet obtenu par les moyens signalés.

Bientôt Louis XIV commença à manifester sa fierté aux souverains étrangers. La première circonstance qui se présenta, ce fut contre Rome. Dans une cérémonie d'apparat, l'ambassadeur d'Espagne voulut y prendre et prit le pas avant l'ambassadeur de Sa Majesté le fils aîné de l'Église; et voici comment Louis XIV procéda. Il dit en peu de mot : si je n'obtiens réparation de l'insulte faite à MOI ; en la personne de mon ambassadeur, si cette réparation n'est pas éclatante, solennelle et de nature à satisfaire ma dignité outragée, je confisquerai le comtat d'Avignon.

Cette menace faite du ton d'un homme qui peut tout ce qu'il veut, en imposa à la Cour de Rome et l'impérieux monarque obtint satisfaction.

Voici encore un autre incident qui se passa peu après celui-ci dans la même ville : le duc de Créqui était ambassadeur de France à Rome, et il avait toute la présomption que l'on reprochait justement peut-être alors à ses compatriotes. Ses gens l'imitèrent et se conduisaient fort mal par la ville, insultant tous ceux qu'ils rencontraient. Ils s'amusèrent un jour à battre la garde du pape qui était composée de Corses, auxquels une injure tient au cœur et qui s'en vengent tôt ou tard. Ceux-ci attaquèrent l'ambassade, tinrent l'ambassadeur prisonnier dans son hôtel, insultèrent madame de Créqui et blessèrent un de ses pages. Le duc demanda réparation de l'insulte à la Cour de Rome, et celle-ci crut donner une réparation suffisante en faisant pendre quelques uns des plus coupables; mais, déjà Louis XIV s'est emparé du comtat d'Avignon et menace de conduire ses troupes jusque dans Rome; et l'orgueil pontifical fléchît, jusqu'au point qu'il construisit dans Rome une colonne sur laquelle furent éternisées l'insulte et la réparation, au point qu'il envoya son propre neveu porter ses excuses à Louis XIV. Vous voyez, Messieurs, qu'il y a loin de cette démarche humiliante à l'omnipotence superbe des Grégoire VII, Innocent II, Innocent III !...

Une mesure dont la sévérité est difficile à qualifier, et qui ne s'exlique que par une jalousie à laquelle on peut assigner deux motifs que nous produirons, c'est l'emprisonnement de Fouquet. Certes, ce ministre pouvait être coupable, il l'était même, mais Mazarin avait trempé dans toutes les concussions du surintendant, il en avait même enlevé les principaux fruits, et Louis XIV loin de le punir avait refusé le legs que l'insolent ministre lui offrit. Pourquoi venger tous ces crimes sur Fouquet, Fouquet seul, qui était l'ami et le protecteur des savants, qui dépensait sa fortune à encourager les arts et les lettres, sur Fouquet qui soignait la vieillesse de Corneille oublié, de Corneille tombé, il faut le dire, dans la plus grande misère!.....

Mais, Fouquet s'était attaché des hommes de lettres, des artistes, qui furent fidèles à sa disgrâce. Il y eut quelque chose de pire que cette vengeance, c'est la longue dissimulation qui la précéda.

Fouquet avait cherché à réunir toutes les merveilles de l'art et de l'imagination dans sa terre de Vaux; on a découvert que ce petit palais lui avait coûté dix-huit millions, et Voltaire assure en avoir trouvé les registres. Cela avait mécontenté Louis XIV, qui n'avait pas encore créé les merveilles de Versailles. Mais plus que tout cela, ce qui avait irrité le prince, c'est que Fouquet était remarquablement favorisé auprès des femmes par sa fortune et sa tournure, car il était un homme bien fait et de belles manières. Déjà, Louis XIV avait secrètement jeté les yeux sur mademoiselle de la Vallière. Le surintendant de son côté n'etait pas insensible aux charmes de cette belle jeune fille, et il lui avait même à ce qu'il parait fait des offres qui étaient loin d'être pures. Lorsque le roi apprit, peut-être d'elle-même, le propos outrageant de Fouquet, il se promit une éclatante revanche. Cependant, il parut à la fête, qui fut signalée par des plaisirs de toute sorte; on y joua une comédie de Molière, ce fut la première représentation du *fâcheux*. Louis y parut, sourit à tous ces plaisirs, à toutes ces réjouissances, et il avait peut-être déjà signé l'ordre de cette arrestation !

Une dissimulation aussi profonde est loin d'honorer le monarque, et on croit y voir un raffinement de persécution et de cruauté.

Colbert avait été désigné par Mazarin pour remplacer Fouquet ; cette protection d'un homme comme Mazarin n'était pas d'un bon augure, mais Colbert avait conçu de nobles projets d'économie et d'ordre qui ont fait oublier son protecteur, et par une administration intègre et savante dont on ne saurait retrouver de traces en France qu'en remontant jusqu'à l'administration de l'excellent Sully.

Cette colère si longtemps cachée éclata donc, et Fouquet fut relégué dans une prison où il devait mourir. Traité au fond de ce cachot comme un criminel d'état, on l'accusa même d'avoir vendu des secrets à l'étranger, il fut livré au parlement assemblé en grand conseil, et Louis XIV insista pour que la peine de mort lui fut appliquée.

Plusieurs hommes de lettres avaient réclamé contre tant de sévérité, Pélisson avait fait entendre sa voix, et sa défense de Fouquet compte au nombre de nos plus beaux plaidoyers; Lafontaine avait chanté son élégie touchante : « Pleurez nymphes de Vaux, etc..... »

Mais le monarque fut inflexible, Pélisson, lui-même, fut frappé de disgrâce et jetté dans une prison, dont il sortit, mais longtemps après pour rédiger les mémoires du règne de Louis XIV; et Lafontaine fut exilé à la Ferté-Milon, comme coupable d'avoir fait les admirables vers que vous venez d'entendre; et enfin le roi ne prononça pas le beau mot de *grâce* qu'il pouvait prononcer, et le surintendant peut-être moins coupable que malheureux resta dans sa prison dont la solitude ne fut troublée qu'un instant par la présence du duc de Lauzun, cet autre favori de Louis XIV.

Si nous passons maintenant en revue les faits politiques d'alors, nous voyons Louis XIV conquérir en deux ans la Flandre, la Picardie et la Franche-Comté. Ne vous attendez pas, Messieurs, que j'entre dans le récit de tous ces hauts faits, que je vous retrace toutes ces marches, tous ces combats; car, ils furent bien moins le fait du jeune roi que le résultat du courage et de la science de Turenne et de Condé, le résultat surtout de la politique de Mazarin.

La succession d'Espagne qui vint ensuite, après la mort de Philippe IV, ne fut que la conséquence des stipulations entre Mazarin et don Louis de Haro; car, il avait été stipulé que la France, moyennant une dot qui était fort peu considérable, renoncerait à toutes ses prétentions. Mais en politique, les stipulations sont des jouets dont on fait trop bon marché. Louis XIV réclama d'abord la dot, et comme on ne la lui payait pas, il réclama l'héritage de Philippe IV. Ces réclamations furent appuyées par les jurisconsultes français et même par les théologiens, et par contre, il est vrai de dire aussi que les prétentions de l'Autriche furent également soutenues par les théologiens espagnols; mais Louis XIV avait en outre pour lui des armées biens disciplinées et de grands généraux; aussi, à la tête de ses armées, il s'empara des provinces dont nous avons parlé en peu de mois, et l'on peut dire de ces conquêtes qu'elles furent plus rapides que glorieuses. Des villes tombèrent en son pouvoir après deux ou trois jours de siége, villes que l'on a renoncé depuis à attaquer comme imprenables, telles que Mons, Namur, Lille. Déjà Louis XIV revient de ces faciles conquêtes qui ressemblaient à des parties de plaisirs, et auxquelles plusieurs grands de l'Europe avaient assisté, et il se remet en marche au milieu des rigueurs de l'hiver; et au moment où on s'y attend le moins, ses troupes, divisées jusque là, se réunissent, et il fait la conquête de la Franche-Comté qui ne lui coûte guère que l'or qu'il a su verser à propos dans les mains de quelques magistrats.

Vous voyez qu'il ne faut pas toujours mesurer les choses au bruit qu'elles font, et celle-ci est peu honorable quoique Boileau ait pris soin de la célébrer par ses poésies.

Cependant l'alarme commençait à se répandre dans l'Europe effrayée de tant de succès, et la Hollande s'alarma la première d'avoir un voisin si ambitieux. Elle intrigua auprès des puissances, et fit intervenir l'Angleterre et la maison d'Autriche. Alors, Louis pour obtenir la paix d'Aix-la-Chapelle rendit la Franche-Comté, qu'il devait il est vrai, reprendre un peu plus tard.

Si nous cherchons quels peuvent être les prétextes de ces guerres, nous n'en trouvons aucun, et elles ne sont recommandables que par leur résultat. C'était la guerre pour la guerre, ou la guerre dans un but d'agrandissement, comme on voudra, elle rappelle les guerres antérieures qui étaient toutes entreprises injustement ou sans motif.

Messieurs, l'heure un peu avancée ne me permet guère d'entrer dans de plus grands développements; j'aurais désiré terminer par une épisode intéressante pour le bouquet, je veux parler des amours de Louis et de Mademoiselle de la Vallière : je vous en dirai cependant quelque chose.

Je l'ai déjà nommée, cette jeune et belle personne qui s'était éprise de l'amour le plus sincère et même le plus tendre pour le jeune monarque. Elle était fille d'honneur de la duchesse d'Orléans, sur la tombe de laquelle Bossuet prononça plus tard la plus admirable de ses oraisons funèbres. La vie de cette princesse rappelle de tragiques aventures; orpheline, elle avait suivi sa mère que Bossuet décrit par de si pures images.

Dans son exil, elle avait trouvé un refuge à la Cour de France, mais elle y était malheureuse, elle y vivait de privations et faut-il dire le mot, dans la *pauvreté!* Oui dans la *pauvreté* la plus réelle et la plus profonde, c'est le cardinal de Retz qui nous l'apprend de manière à n'en pouvoir douter. Il dit qu'étant arrivé inopinément chez cette princesse, et entrant sans être annoncé, il la trouva dans une chambre froide, sans feu, au milieu de l'hiver, et comme il lui demandait des nouvelles de sa fille, elle lui répondit: *La pauvre Henriette est restée dans son lit parce que nous n'avons pas de bois pour nous chauffer.* Vous pensez bien que le cardinal lui fit envoyer du bois et les secours les plus nécessaires, et il le fit avec cette délicatesse et cette réserve qui doublent le prix d'une bonne action. Il obtint bientôt après pour elle du parlement des secours que Mazarin avait obstinément refusés, et il les obtint au nom de la ligue elle-même.

Cette princesse était d'une beauté très piquante et pleine de graces, d'un esprit très orné, et mariée au frère de Louis XIV, homme futile,

jeune prince très féminin dans ses habitudes, se mettant des mouches sur la figure et du fard sur les joues, entouré malheureusement de jeunes seigneurs très étourdis, très joueurs, très mauvais sujets, très débauchés, et ce qui est pis, débauchés à la manière italienne. Ce mari participait si peu des brillantes qualités de son frère, que la princesse Henriette s'attacha à ce dernier, d'amitié d'abord, et puis ensuite d'amour, s'il faut en croire tous les témoignages.

Mais, Louis avait en ce temps là une passion assez décidée pour une certaine nièce du cardinal de Mazarin, Marie Mancini, qui n'était pas belle, mais qui avait de l'esprit et beaucoup d'empire sur l'esprit du roi, au point qu'il lui proposa un jour de l'épouser. A cette nouvelle, Mazarin fut ravi, mais il sentait qu'il fallait consulter Marie-Anne d'Autriche, et mettre daus ses intérêts cette princesse avec laquelle il était d'un froid et d'une ingratitude outrageuse. Pour se la gagner, il eut recours à ses petites manœuvres d'autrefois, et recommença son manège d'adorations; puis il lui déclara ce qu'il attendait d'elle. Mais, la reine mère lui en fit entrevoir les conséquences les plus terribles; Louis en se mariant ne pouvait vouer un amour éternel à sa femme qui n'était pas faite d'ailleurs pour séduire longtemps; et entouré comme l'est un roi de toutes les plus jolies femmes de la Cour, il pouvait être captivé par l'une d'elles et prendre en dégoût sa femme, la nièce de Mazarin ; alors, la disgrace de sa femme retomberait certainement sur le cardinal, qui tomberait du faît du pouvoir dans la disgrâce la plus profonde. Mazarin compris, et à la grande admiration de Louis XIV il lui déclara que le mariage était indécent, impossible, et qu'il ne donnerait jamais les mains à une alliance qui déshonorerait son Roi. Louis fut tellement pénétré d'admiration pour le désintéressement du cardinal, que cette circonstance contribua plus que tout le reste à prolonger le règne de ce fourbe.

Alors, Louis trouva dans la duchesse d'Orléans une femme bien plus faite pour lui plaire ; ses malheurs, les charmes de sa beauté touchante, tout le portait à partager le sentiment que lui vouait intérieurement cette princesse ; mais il avait peut être des scrupules. Il se sentait volontiers porté vers l'adultère, mais un inceste !... il craignit les reproches de sa conscience, le scandale public et peut-être même les foudres de l'Église ; de sorte qu'il répondit fort peu à l'amour assez passionné de sa belle-sœur.

On croit même que ce fut à ce sujet qu'elle commanda à Corneille et à Racine à la fois la tragédie de Bérénice, où on voit une princesse offrir vainement son cœur au Roi. Il est vraisemblable que c'est à son amour qu'elle songeait quand elle chargea ces deux poetes de cette tragédie, qui fut traitée avec tant d'art par Racine et de sécheresse par Corneille, auquel du reste un semblable sujet ne convenait guère.

C'est à la Cour de la duchesse d'Orléans que le roi vit mademoiselle de la Vallière. Il prit goût à sa conversation et aima à la voir souvent, il venait tirer chez la duchesse des loteries dont il avait soin de faire échoir les plus beaux lots à mademoiselle de la Vallière.

Je voudrais bien, Messieurs, comme les peintres et les poètes vous tracer le portrait de celle qui fixa la première les regards de Louis ; mais cela ne m'étant pas donné, je vous dirai seulement qu'elle était peu jolie, mais qu'elle avait dans la figure et dans toute sa personne une expression céleste. Du reste, son teint était éclatant, ses yeux tendres et spirituels, elle boitait un peu, et était marquée de petite vérole, et Louis partageait avec elle cette disgrace fort commune de son temps. Aussi sa figure à lui-même, qui du reste était imposante, ne lui permettait pas de passer pour un bel homme accompli.

Pendant longtemps, la belle jeune fille ne voulut être aimée que dans l'ombre ; elle résistait à un amour qui allait devenir un effroyable sujet de scandale ; mais elle céda enfin, et la duchesse d'Orléans, jalouse et irritée l'ayant surprise presque en tête-à-tête avec celui dont elle aurait voulu recevoir elle-même les hommages. Mademoiselle de la Vallière succomba sous le faix des épigrammes les plus impitoyables; elle se plaignit enfin, et Louis XIV dit un jour à la duchesse d'Orléans : « *Madame je veux que l'on considère mademoiselle de la Vallière, comme une femme que je respecte* ». « *Je la traiterai Sire* , répondit la duchesse d'Orléans , *comme une fille qui est à vous* ».

Mademoiselle de la Vallière entrevit bien tout le scandale qui allait en résulter , et , au moment où on s'y attendait le moins, elle prit le parti d'aller se jetter dans le couvent de Chaillot. Louis irrité de la fuite de celle, dans le cœur de laquelle il aimait à verser ses inquiétudes et ses chagrins, part à sa poursuite , arrive à l'abbaye de Chaillot , et exige que mademoiselle de la Vallière lui soit confiée.

Il l'entraîne , et revient avec elle au milieu du scandale le plus déclaré. Mademoiselle la Vallière attendait cette visite , qu'elle se l'avouât ou non , et elle comptait les minutes , ne sachant pas si elle devait être à son Roi ou à son Dieu.

Messieurs, l'heure qui sonne m'avertit que je ne puis continuer plus longtemps cette histoire érotique, qui ne manque ni de charme ni d'intérêt, et que nous terminerons dans notre prochaine leçon.

TROISIÈME LEÇON.

19 mai 1836.

Messieurs,

C'est une tache difficile, et pour la bien accomplir je me sens quelquefois embarrassé, que celles de tracer à vos yeux le tableau de ces grandes époques où la civilisation est en travail, de grandes choses, où la civilisation se voue au travail de l'enfantement de ces mille chef-d'œuvres, de ces mille productions si diverses, si variées, c'est surtout un grand travail que de chercher au milieu de cette diversité, de cette variété de phénomènes un centre d'unité qui reproduise toutes les surfaces, tous les détails. On le trouve difficilement, ce centre de narration, et on le fabrique le plus souvent.

Ainsi, quatre siècles se produisent à l'admiration de la postérité, quatre siècles qui sont devenus historiques ; ce sont le siècle de Périclès, le siècle d'Auguste, le siècle de Medicis ou de Léon X et le siècle de Louis XIV. Je ne parle pas ici des siècles postérieurs, je ne parle pas du xviiie siècle qui a tant fait pour l'honneur du nom français ; je ne parle pas davantage de ce siècle où nous vivons, et qui avance vers la fin de sa première moitié. Je ne veux parler ici que de ces quatres siècles nommés par de grands noms sans doute, mais enfin, un peu fantastiquement attribués à ces grands noms que nous avons dits.

Au siècle de Périclès, en effet, que voyons nous? Certes Periclès était un habile général, et ce qui vaut mieux, un administrateur sage et plein de ressources; certes, ce n'était pas un homme ordinaire, l'homme qui se constitue une sorte de royauté au sein de la république la plus ombrageuse; aussi, domine-t-il tout de son temps, tout excepté le génie qui conserva son indépendance. Mais ce n'est pas dénigrer le grand homme que fut surnommé l'*Olympien*, que de dire qu'il reçut plus d'éclat de ses contemporains qu'il ne leur en donna. Sous le règne de Périclès, on peut le dire, Athènes fournit un magnifique contingent de gloire, mais nous approchons du moment où elle va cesser de se développer; je devrais dire où elle va tomber du faîte de sa grandeur, où elle va déchoir; elle touche déjà à la guerre désastreuse du Péloponèse.

Mais dans les beaux arts, elle produira encore Phidias, qui obéit aux inspirations de Périclès, ou plutôt qui les devina, les prévint et les réalisa toutes, par la hardiesse de son esprit et par la sublime énergie de ses pinceaux.

Puis bientôt après, c'est Socrate, et son disciple Platon qui font de la philosophie le plus grand enseignement que l'on ait jamais entendu avant la venue du christianisme.

C'est l'art tragique, qui nait et arrive du premier bond à son plus haut développement, par le génie de Sophocle, d'Euripide, et peut être de leur nombreux concurrents dont les chef-d'œuvres ne nous sont pas parvenu.

C'est ainsi que la muse tragique empreinte encore des caractères et des couleurs de la licence démocratique, trace sous la plume mordante d'Aristophane des tableaux et des portraits plus vrais que ne l'ont cru nos pères, et dont nous pouvons apprécier toute la vérité de ressemblance, nous qui avons vu la démocratie en actes.

Enfin, je ne saurais dire, je ne saurais seulement nommer tous les hommes qui ont concouru à faire de ce siècle un siècle à part. Je ne puis cependant m'empêcher de citer encore Herodote, si justement appelé le père de l'histoire, et Thucidide, qui vint à ses côtés, Thucidide, dont on peut dire, que la grandeur du style, et la triste et trop véridique narration n'ont jamais été égalées.

Tel est le tableau du siècle de Périclès, et s'il n'est pas, comme je l'ai fait observer, l'œuvre de l'homme, il est du moins tellement son contemporain, que le siècle et l'homme ne font plus qu'un dans le souvenir des nations.

Le siècle d'Auguste semble beaucoup plus difficile à établir. Ce ne fut point un siècle de créations, c'est au contraire un siècle d'emprunts, mais d'emprunts si heureux qu'on les prend tout d'abord pour des créations. Mais à vrai dire, Rome n'a presque rien à elle, rien en propre, rien qu'elle puisse appeler romain, pas plus dans l'art que dans la littérature, que dans la philosophie, que dans les lettres; elle copie tout, elle imite tout, mais elle imite avec la puissance du génie.

Mais enfin, elle a consommé son œuvre. Ses grandes choses, celles qui lui sont propres, sont achevées par les armes, et Rome n'a plus que quelques victoires faciles à remporter sur des peuples puissants encore, mais pénétrés de leur infériorité et de la puissance irrésistible de la république.

Plus de discours publiques, plus de harangues, d'éloquence politique et populaire, plus de puissance oratoire; le Forum est muet depuis que la langue du grand orateur, de Cicéron, par le crime odieux de Marc-Antoine, a été pendue aux rostres; depuis ce crime contre la république, contre l'humanité, contre le génie, Rome n'a plus de voix.

Ainsi voilà que tous les éléments de la grandeur et de l'illustration antique de Rome ont disparu; désormais les talents dont Rome s'honorera aux yeux de la postérité vont se refugier dans les belles lettres.

Quant aux beaux arts, ils sont, où il sont nés en Grèce, et Rome ne les possédera jamais en propre; elle jouira de leurs chef-d'œuvres, mais

point de leur gloire. Elle fera venir de Grèce des esclaves, l'art artiste qui lui construira des temples et des palais qui lui taillera dans le marbre des statues ; elle s'emparera de l'architecture et de la statuaire grecque comme le vainqueur s'empare des dépouilles du vaincu. C'est ainsi que le Parthénon élevera sa tête orgueilleuse avec toute sa magnificence, c'est-à-dire avec le magnificence de l'histoire.

Cicéron s'élevera à la hauteur des grands orateurs d'Athènes par son éloquence originale quoiqu'imitée. Ovide, Virgile et d'autres poétes de second ordre, produiront des ouvrages que Quintilien, ce sévère critique, admirera lui-même, et que Varrus compare aux plus hautes productions du génie. Tout concourt donc également à donner un nom à part à ce grand siècle, tout, excepté peut-être celui qui lui a imposé le sien, son nom d'Auguste, on ne sait pourquoi.

Le siécle de Léon X s'est offert sous un aspect aussi difficile à décrire. Ce n'est plus comme sous la Rome d'Auguste, la gloire des conquêtes qui obscurcit par son éclat la gloire des lettres et des arts. C'est un peuple qui est empreint encore des traces honteuses et souillées de la conquête, comme les Grecs après la guerre du Péloponèse, c'est Rome après l'invasion successive des Lombards, des Allemands, des Français ; ce sont des grands qui offrent le spectacle de toutes les corruptions, de tous les vices, de tous les crimes humains. Ce siècle de Léon X offre le spectacle, je ne dirai pas d'une papauté et d'un sacerdoce souillés, mais de Cours où tous les genres de débauches et de souillures sont en honneur, débauches et souillures dont ne sait pas se garantir le pape lui-même, ce Léon X que l'on a complaisamment appelé le père des beaux arts. Nous voyons alors toutes les fureurs de la persécution déployées contre un prétendu schisme naissant; une prédication de la fraude et du despotisme résumée en doctrine par Machiavel, et ces préceptes de Machiavel eux-mêmes devancés, et en quelque sorte inventés par les Borgia; de sorte qu'on ne sait plus aujourd'hui si Machiavel en les écrivant a voulu par cet abominable livre faire l'apologie des Borgia, ou faire leur satyre.

Mais l'Arioste a déjà paru, le Tasse viendra bientôt, digne émule du Tasse, et ces deux poétes apparaissent tout d'un coup comme les deux talents les plus originaux que Rome ait jamais enfanté.

Que parlerai-je de cette basilique construite par un seul homme, de Michel-ange qui a élevé sa gloire aussi haut que leurs coupoles, c'est-à-dire jusqu'au ciel. Que parlerai-je de tant d'autres monuments qui semblent plus dignes de l'ancienne Rome que de la Rome des papes, qui tendaient la main par toute l'Europe pour recevoir les aumônes avec lesquelles ils élevèrent toutes ces merveilles.

Parlerai-je de Raphaël, du Titien, du Dominicain, du Corrège, tous ces noms sont connus, sont honorés comme les premiers dans l'art, dont ils ont retrouvé la vie sur leurs palettes, qui semblent perdues désormais pour l'humanité.

C'est l'art, l'art seul, qui donne à l'Italie de Léon X cet aspect grandiose et solennel qui ne saurait s'expliquer par les mœurs et les habitudes des peuples qui courbaient lâchement la tête sous la domination des Germains, des Espagnols, des Français, successivement.

Quant au siècle de Louis XIV, il s'offre aux yeux du spectateur ébloui, avec un si grand concours de créations et de talents que la main qui veut en retracer les merveilles tremble involontairement devant la grandeur et la difficulté de l'entreprise. Je vous ai déjà prévenu que ce siècle était improprement appelé le siècle de Louis XIV, puisqu'il avait devancé de près de soixante ans le monarque dans sa carrière. Mais, ce siècle fut riche en événements politiques, renommé pour ses guerres et ses victoires, et pour ne pas être injustes, après avoir signalé la place que Louis XIV doit y occuper, il convient de nommer avant lui comme le père de ce siècle, un prince que l'on oublie trop, dont on ne parle pas assez comme il le mérite, c'est-à dire comme protecteur des arts et des lettres, je veux dire Henri IV. Ce prince, au milieu des embarras et des revers d'une guerre longue et désastreuse, se signalait par un amour du bien public poussé jusqu'au fanatisme, et c'est à lui que revient la gloire principale d'avoir préparé et commencé ce grand siècle qui portera un autre nom que le sien.

Mais j'ai déjà compté parmi les grands enfantements de ce siècle, Descartes et Corneille dans les sciences et les lettres; Turenne et Condé, deux gloires de nos armes : quand on a prononcé de semblables noms, il semble que l'on a vu apparaître devant soi un grand siècle tout entier.

Descartes présidait aux sciences, et non seulement il leur donna l'impulsion dans laquelle elles continuèrent à marcher depuis, mais non content d'avoir innové dans les sciences, il s'adonna à l'étude de la philosophie, dans ses rapports avec la religion, et il affermit les bases de toutes les croyances en proclamant et faisant accepter par les plus hautes intelligences la croyance dans l'existence de Dieu et la spiritualité de l'ame. Par ces travaux, il a en quelque sorte posé les bases sur lesquelles Pascal et Bossuet devaient, je ne dis pas élever plus haut, mais terminer l'œuvre morale et religieuse si dignement commencée par lui. Et Corneille, qui a poussé plus loin que lui le génie de la création. Il a imité, dira-t-on, mais il a imité mieux que personne ne créa jamais. Il connaissait le théâtre espagnol, théâtre sans règle, sans unité, sans principes fixes, choisissant, éparpillant, réunissant ses épisodes, les membres de son drame au hazard; il l'a imité, mais après l'avoir étudié pour en saisir les bonnes parties et pour en faire autant de chef-d'œuvres. Oui, c'est de cette mine informe qu'il a tiré une partie de ses chef-d'œuvres ; mais, Corneille connaissait et étudiait aussi les tragédies de l'antiquité; mais il les étudiait comme le théâtre espagnol, pour y puiser les éléments de son théâtre qui les efface tous, anciens et modernes. Dans ses mains l'imitation devient comme une sorte de transfiguration, le sujet des autres devient sien. C'est beau, c'est simple, c'est vrai, c'est original, c'est sublime, plus sublime que les tragédies grecques; c'est une diction rapide et précise, c'est un langage juste et franc qui va droit au but, droit à l'idée; mais c'est surtout dans sa philosophie, dans ses sentences, qu'il se montre bien plus grand que les anciens et les modernes, par la connaissance exacte et profonde du cœur humain qu'il déploie dans ses tragédies; non, jamais Sophocle, jamais Euripide, n'ont approché de cette profondeur philosophique. Et nous devons encore ajouter à ces mérites, celui d'avoir créé la comédie en France en faisant le *menteur*.

Il suffit de citer les noms de Turenne et de Condé; ces deux noms, en fait de gloires militaires, en disent plus que tous les récits, que toutes les narrations de sièges et de batailles.

Voilà donc quels hommes et quels éléments préparent ce grand siècle auquel Louis XIV va donner son nom. Que va-t-il donc ajouter à ce beau siècle de gloire, de science, de victoires, de mérites; quel homme est-ce donc que Louis XIV?

www.ingramcontent.com/pod-product-compliance
Ingram Content Group UK Ltd.
Pitfield, Milton Keynes, MK11 3LW, UK
UKHW021028180726
13838UKWH00004B/1676

9 782329 399751